AF332801

Le Socialisme en Ardèche

(1880-1920)

PAR

Adrien DAMASE

Commissaire de Police en retraite à Joyeuse (Ardèche)

Publié avec la collaboration du Groupe
de Joyeuse

PRIX : 1.50

LARGENTIÈRE
IMPRIMERIE ELIE MAZEL
1920

Aux Socialistes Ardéchois

Beaucoup de nos camarades, notamment les nouveaux venus à notre Parti, ignorent les difficultés de la propagande, dans notre département. *Les uns et les autres* seront certainement heureux de connaître *toute l'étendue* de l'action menée, *par les militants de la première heure,* alors qu'il y avait quelque danger à se montrer.

C'est pour les renseigner, avec documents à l'appui que notre camarade Darasse a entrepris de faire, en quelques pages bien senties l'historique des luttes que le parti a eu a soutenir, et les efforts qu'il a fallu déployer pour surmonter toutes ces difficultés, et arriver au réveil que nous pouvons constater aujourd'hui.

Ce travail complètera tout ce que l'auteur a écrit jusqu'à maintenant, tant au point de vue des mœurs campagnardes, imbues encore de préjugés religieux, que sur les principes autocratiques appliqués administrativement sous la troisième République.

Il servira en outre de conclusion à ces divers petits ouvrages, dont nous recommandons à tous la diffusion.

Pour le moment il laissera de côté : *Les Mémoires d'un Commissaire de police à travers la France* ; mémoires qu'il avait promis à ses lecteurs. En effet beaucoup de choses ont été dites à ce sujet. Les faits à narrer, se ressemblent trop pour qu'il soit utile d'insister. C'est toujours la ruse de l'être humain, le raffinement dans le crime, la cruauté qui gravit les échelons du progrès, etc. Enfin ce sont les méthodes nouvelles employées pour enrayer cette sorte de déchaînement, de sorte que l'intérêt en serait diminué d'autant. Du reste ils peuvent se rendre compte quotidiennement des méfaits qui s'accomplissent et qui troublent la conscience publique, par les échos que publie la presse. Rien de bien nouveau ne pourrait donc être appris.

Il en n'est pas de même du socialisme en Ardèche, qui occupe en ce moment une place quasi prépondérante. Cette brochure sera instructive. Tous les adhérents voudront se la procurer parce qu'ils y puiseront des renseignements et des enseignements moraux, précieux à chacun pour la conduite future du Parti :

Nos camarades nous en sauront gré, nous en avons la ferme conviction, et c'est avec plaisir que nous leur adressons notre salut fraternel et nos sincères sympathies.

LE GROUPE DE JOYEUSE

Nous commençons notre ouvrage en indiquant comment est né le Socialisme en Ardèche.

L'origine du mouvement ouvrier et socialiste dans l'Ardèche remonte à 1880-1881. Il prit naissance dans la cité industrielle d'Annonay, ou il resta concentré pendant près de vingt ans.

En 1880, deux syndicats se constituèrent : le syndicat des Mégissiers de rivière et le syndicat des Menuisiers, Charpentiers, Ebénistes.

En 1881, le secrétaire des mégissiers de rivière est le citoyen Pleinet qui revient de Paris, où il a fréquenté es principaux militants retour du bagne ou d'exil : Allemane, Jules Guesde, de Malon, Brousse. Malgré les tracasseries policières sans nombre et la violente opposition patronale, Joseph Pleinet fonde le premier groupe socialiste de la région, c'est le groupe d'études sociales d'Annonay.

Ce groupe milita très activement et organisa de nombreuses conférences, avec Paule Mink, J. B. Clément, Bernard (de Lyon). Quelques années plus tard, il publia un petit journal, *L'Avenir de l'Ardèche*, dont la vie fut de courte durée. Aux élections législatives de 1889, le groupe affronte la lutte et présente contre la candidature de M. Galix, opportuniste et de Montgolfier, réactionnaire, la candidature du citoyen Taillefer, marchand de parapluies qui rallia 175 voix sur 4000 votants.

Le groupe ne se découragea pas : il poursuit son agitation. En 1892, il fait appel à Duc-Quercy, qui fit à

Annonay une conférence. La bourgeoisie affolée avait fait appel à toutes ses forces. Quatre contradicteurs se présentèrent: deux capucins, un abbé et un avocat venus exprès de Lyon où ils rédigeaient *La France libre*. Duc-Quercy écrasa ses contradicteurs par sa dialectique puissante ; il fut porté en triomphe. Ainsi remué, Annonay s'éveillait au socialisme, et, à une élection complémentaire municipale en 1894 les deux candidats socialistes Pleinet et Sage, obtenaient 1000 voix sur 2400 votants. Aux élections municipales qui suivirent, le groupe, présenta une liste partielle de quinze candidats, qui rallia de 950 à 1099 voix, sur 3686 votants.

Tour à tour Zevaes, Krauss, Benezech, Chauvière député, Lucien Roland, furent appelés par le groupe et portèrent la parole socialiste aux travailleurs d'Annonay Vers 1898-1899, Lucien Roland, délégué du Parti Ouvrier Français fit une tournée de réunions dans l'Ardèche et constitua plusieurs groupements qui se firent représenter à Japy par l'intermédiaire du Conseil National : à Privas et à Vals avec les frères Mouraret, dont l'un Auguste Mouraret fut longtemps secrétaire du groupe.

A Vallon, les citoyens Paul Eyrioux, Emile Martin, Sully Eldin, constituent un groupe d'études sociales, le 4 juillet 1899.

Aux élections municipales de 1900, le groupe d'Annonay boycotté ne peut trouver que cinq candidats. A Vallon, les membres du groupe s'emparent de la réunion du parti républicain et lui font décider de présenter une liste contre le Conseil sortant qui est réélu.

Paul Eyroux est en relation avec le Parti Ouvrier d'Alais, et son fondateur Gaston Mazoyer. Il collabora au journal du Gard : *Le Combat Social* que le groupe répand dans la région.

Le 20 août Albert Tanger donne une première réunion socialiste à Vallon, à l'issue de laquelle le groupe maintient son adhésion au P.O.F. et donné son adhésion à l'unité socialiste révolutionnaire dont Albert Tanger est le représentant en mission dans le midi.

Le groupe de Vallon correspond avec le groupe d'Etude sociale qui vient de se fonder à Viviers ; les membres de ce groupe visitent les communes environnantes pour jeter les fondements de nouveaux groupes.

En février 1901, Lucien Roland fait une nouvelle tournée dans l'Ardèche, à Vallon, Ruoms, etc. Le groupe de Viviers tente la création d'une fédération des groupes de l'Ardèche, qui répondent à son appel, et se réunissent dans cette dernière ville, le 8 avril 1901. Les délégués de Viviers, le Teil, Vallon, Vals, Annonay sont présents ; le premier de ces groupes affiliés au P. O. F., les deux suivants, Vals au P. O. F., et Annonay au P. O. S. R. Après de vives discussions sur l'opportunité de l'adhésion des groupes à la Fédération de la Drôme, soutenue par Jules Nadi, délégué de cette organisation et combattu par Paul Eyrioux, Annonay, Vals et Viviers, Le Teil, adhèrent à la fédération du P. S. F. de la Drôme. Paul Eyrioux rend compte de son mandat, qui est approuvé par le groupe de Vallon.

Ce dernier donne son adhésion au P. O. F. du Gard et adresse un appel aux groupes de l'Ardèche leur demandant de s'y affilier également.

Aux élections municipales de juillet 1901, les socialistes de Vallon s'affirmèrent sur le nom de Lucien Roland ; il n'y eut pas de campagne, un simple appel : 30 voix à Vallon, 25 à Ruoms.

La même année une élection partielle municipale à Vallon permet de constater l'influence prise par le groupe dans la localité. Paul Eyrioux et Achille Martin réunirent 63 voix.

Désormais les groupes de l'Ardèche confondent leur action avec ceux de la Drôme, à l'exception de Vallon, qui, à l'aide du *Combat Social*, et des militants du Gard, essaie de déterminer le mouvement dans les cantons de Vallon et des Vans.

Aux élections législatives de 1902, le P. O. F, présente la candidature Eugène Meunier dans la deuxième circonscription de Privas, contre Astier, sortant ; soutenue par Lucien Roland la candidature eut un nombre important de suffrages.

Dans la première circonscription de Privas, le Congrès des groupes choisit le citoyen Jules Nadi, qui fut combattu avec acharnement par la bourgeoisie de toutes couleurs, et rassembla 166 voix. Dans la circonscription de Largentière, les socialistes de Vallon présentèrent la candidature de Pierre Coiras, conseiller municipal d'Alais, qui obtint 317 voix, dont 48 à Vallon.

Jules Nadi travaille activement la région, les efforts

de la Fédération de la Drôme et des conférenciers qu'elle appelle, aboutissent à la constitution de plusieurs groupements à Cruas, Le Teil, Le Pouzin, Tournon, Aubenas, Les Vans. De leur coté les militants de Vallon ne restent pas inactifs ; ils sont secondés par ceux du Gard, Gaston Mazoyer. Hubert Rouget, Henri Gévaddan, le Conseil National du P. S. de F., envoie également Lucien Röland, Maxence Rolde, Thivrier, député, Paul Eyrioux et Sully Eldin de Vallon, organisent les réunions avec Hubert Rouger à Joyeuse, Ruoms, Aubenas, Chambonas, les Vans, La Voulte, Paysac, Banne, etc. etc. ; Moutet ouvrier mineur, originaire du Gard, Adolphe Chalbos et Clapier, constituent des groupes de Jeunesses aux Vans et à Joyeuse. Ces groupements ne résistèrent pas longtemps au boycottage qu'ils eurent à subir. A Paysac, malgré le dévouement du camarade Albin Trouillas, qui organisa la réunion, cette localité resta refractaire à l'idée socialiste. A La Voulte, un autre militant, Elie Veinard, jette les bases d'une agglomération cantonale.

La Fédération autonome tint son Congrès dans une salle de la mairie du Teil, le 8 mars 1903, sous la présidence du citoyen Pastré, deputé du Gard, et de Zevaès ancien député de Grenoble.

Le Congrès fut une manifestation splendide de la vitalité de l'organisation socialiste, maintenue par l'infatigable propagande du citoyen Nadi ; il rendit à tous la confiance et l'énergie un moment ébranlée. Celui-ci continuant sa tâche de conférencier et d'organisateur, fit en 1903, une tournée de conférence, visitant des centres nouveaux.

Pour la première fois, il fit appel à un délégué du Comité Interfédéral, non élu, le citoyen Pierre Renaudel, délégué au dit Comité par la Seine-Inférieure. Une liste de souscription pour couvrir les frais d'une tournée de conférences avec le concours de cet orateur de talent et d'un dévouement admirable, produisit 249 fr. 20. Renaudel séjourna dans la Drôme et dans l'Ardèche pendant 45 jours, labourant la Fédération de sa forte parole et écoulant 1600 brochures: « Pour le socialisme », dont il était l'auteur.

Il passa à Bourg-St-Andéol, La Villedieu, Joyeuse et Banne, où il posa les bases de nouveaux groupements.

A Joyeuse, il fut reçu par Adrien Roux, alors président du Comité radical socialiste. Jules Nadi, avec une nouvelle visite chercha à organiser ces nouveaux groupements, qui malheureusement n'eurent encore qu'une existence éphémère.

L'année 1904, voit les élections municipales et cantonales.

A Annonay, les socialistes, candidats sur une liste de coalition obtiennent 2002 voix, et sont battus, la majorité était de 2027. A Vallon, la liste cuvrière obtient 102 voix au premier tour et 5 élus au deuxième sur une liste de Concentration. Sully Eldin, élu adjoint, vit son élection annulée n'ayant pas 25 ans.

En juillet, Pouget obtint 117 voix, dont 47 à Vallon, comme candidat au Conseil Général. Dans le canton des Vans, le groupe de l'Avenir Socialiste s'affirme sur le nom du citoyen Soulas, de Nimes, candidat au Conseil d'Arrondissement : 43 voix.

P. Eyrioux forme des groupes à Lagorce et à Labastide-de-Virac.

L'Unité réalisée en 1905, mit fin à la dualité du mouvement socialiste : les groupes de Vallon, les Vans, Lagorce, se séparent de la Fédération du Gard, et adhèrent à celle de la Drôme jusqu'en 1911, où ils se constituent en Fédération Départementale de l'Ardèche.

Le premier groupe du Teil, fondé en 1900, avait pour secrétaire le citoyen Ménard, qui abandonna le Parti pour devenir secrétaire général de la Mairie.

Le citoyen Mazellier, militant actif et dévoué qui est l'organisateur de la Fédération départementale, fonda en 1905, un nouveau groupement. La même année une élection municipale a lieu ; le candidat socialiste obtient 260 voix ; il est battu par le candidat républicain modéré ; M. Ménard se présente comme socialiste indépendant, il eut 12 voix.

A Vallon, le groupe fit élire, en 1905, à une élection municipale, deux conseillers, Emile Martin et Rouvière, par 220 voix.

Aux élections législatives de 1906, trois candidatures socialistes sont posées :

Dans la deuxième circonscription de Privas, Auguste Martin, 180 voix.

A Largentière A. H. Dumas de Nîmes, 245 voix.

A Tournon Joseph Pleinet, 312 voix.

Voici encore d'autres résultats électoraux :

Conseil général 1907, canton de Vallon : Emile .. rtin, 193 voix.

Conseil général, 1907. Canton des Vans : A. M. Dumas, 133 voix.

Conseil général 1907. Canton de Largentière : Roure Alphonse, 347 voix.

Conseil général 1907. Canton de Privas ; Defuides, 394 voix.

Elections municipales complémentaires 1907. Vallon ; Monteil, 90 voix aux deux tours.

Elections municipales, 1908. Vallon, 75 voix.

Elections municipales, 1908. Le Teil, 229 voix, trois élus au deuxième tour, dont le citoyen Mazellier comme adjoint.

A Lagorce la liste ouvrière eut un élu, et à Vinezac il y eut également un conseiller municipal socialiste.

Pas de candidat à Annonay.

Elections législatives 1910. Deuxième circonscription de Privas : Martin. 2301 voix au premier tour et 4300 au deuxième.

Largentière : Jouve Louis, 470 voix.

Elections cantonales 1918. Canton de Vallon : Sully Eldin, 138 voix.

Elections cantonales 1910. Canton de Joyeuse : . Darasse Adrien, 250 voix.

Le 22 février 1910, le citoyen Jules Nadi était revenu à Joyeuse pour essayer de faire prendre consistance au groupe de ce canton. Il y parvint avec l'aide du vieux militant Darasse, qui, de retour à son pays d'origine, après une carrière administrative très mouvementée, se consacra à la diffusion des idées socialistes. Il rédigea des notes hebdomadaires, qui furent insérées dans les journaux régionaux suivants : Le *Prolétaire* ; Le *Combat Social* ; Le *Populaire du Midi* ; L'*Ardèche Socialiste* et enfin dans le *Petit Provençal*, dont il était correspondant. Ce journal, quoique indépendant, inséra les diverses communications du Parti.

La réunion fut des plus orageuses. La petite bourgeoisie locale s'était donnée rendez-vous dans la salle de la Peyre, ou avait lieu la réunion. Elle clamait, à qui voulait l'entendre que ce n'était pas encore le moment de parler socialisme à Joyeuse. L'obstruction fut systématique. Comme par le passé elle pensait pouvoir étouffer la voie du progrès. Mais les nombreuses protestations qui s'élevèrent lui firent comprendre le contraire. Un des membres de la municipalité radicale, maire en tête, qui assistait à la réunion, alla jusqu'à briser son parapluie sur la tribune. Voyant qu'on y mettait de l'acharnement. Nadi y mit aussi toute son ardeur combative, et finit par dominer cette salle en furie. Il venait du reste d'être révoqué de ses fonctions de Directeur d'Octroi de Romans (sous le Ministère Clémenceau 5 octobre 1907 avec Caillaux. ministre des Finances). Il était qualifié d'agitateur politique. C'est le cas de dire que ses détracteurs ne s'étaient pas regardés eux-mêmes.

A partir de ce jour le groupe de Joyeuse fut définitivement organisé sur des bases plus solides.

En janvier 1911, les groupes de l'Ardèche se réunirent en Congrès, à Voguë, où un militant dévoué, Bouvrain, constitua un groupement. Ils décidèrent de se former en Fédération distincte, dont le citoyen Mazellier, adjoint au Maire du Teïl, devint secrétaire, Bouvrain, secrétaire-adjoint, et Vinson, trésorier.

La fédération présenta en 1912 dans dix communes des listes ouvrières, qui rallièrent 663 suffrages. Dans cinq autres elle présenta des candidats sur des listes de coalition. Elle eut quinze élus dans cinq communes: Vallon, Joyeuse, Lavilledieu, Aubenas, Tauries.

Une élection partielle avait eu lieu à Joyeuse le 24 Janvier de la même année. Il s'agissait de compléter la municipalité, dont six sièges étaient devenus vacants par suite de la démission du Maire, de l'adjoint, et de plusieurs conseillers et un décédé.

Le groupe socialiste, qui avait eu à subir l'obstruction des démissionnaires ci-dessus, entra en lutte et présenta six candidats, dans l'ordre suivant :

Darasse Adrien, publiciste : Mery Louis Ferdinand, sabotier; Balazuc Louis, fils, maçon; Vessaud Alphonse, coupeur en chaussures ; Dumas Auguste, voyageur de commerce, et Roussel Louis, fils, agriculteur.

Le résultat du dépouillement accusa les chiffres ci-après accordés respectivement à chaque candidat.

Roussel Louis, fils. 125 voix, élu ; Balazuc Louis,

fils, 101 ; Darasse Adrien, 97 ; Dumas Auguste. 80 ; Vessaud Alphonse, 78 ; et Mery Louis Ferdinand, 65.

Les membres du Conseil Municipal, qui n'avaient pas eu de raison de démissionner et qui continuaient l'exercice de leur mandat, ne présentèrent aucune liste. Le parti socialiste venait d'avoir en face de lui des dissidents, auxquels était venu s'adjoindre une personnalité sortie du parti libéral, et qui, en quittant ses anciens amis, avait déclaré que bientôt il serait tout dans son nouveau parti. Malheureusement ce rénégat n'avait pas compté sur les vieux démocrates, qui avaient jusque là, conduits les républicains à la victoire, et qui se refusèrent à lui servir de marche pied.

Néanmoins par peur du socialisme, la petite bourgeoisie locale vota pour les dissidents, dont cinq furent élus, auxquels venait se joindre le sixième de la liste socialiste, également élu.

Aux élections municipales de Mai, alors qu'il s'agissait du renouvellement total du Conseil Municipal, deux listes furent en présence : celle de la Municipalité sortante, et celle des dissidents.

A partir de ce moment les forces démocratiques se dispersèrent. Les socialistes ne purent présenter personne. Seul, leur élu, Roussel, resta sur la liste du Conseil sortant. Il fut réélu. La guerre le prit avec tout son courage et toute son énergie. Il fut tué en accomplissant son devoir patriotique. Ses camarades du Conseil lui ont rendu depuis l'hommage qu'il méritait. Ses amis socialistes l'ont également beaucoup regretté. Mais passons sur ce souvenir douloureux.

S'il était revenu, c'est avec une ardeur renouvelée qu'il aurait repris la lutte, qu'il aurait encore jugée plus pressante, et ne se serait nullement laissé circonvenir par ceux qui prétendaient nous imposer des théories surannées.

La liste dissidente amena des ballottages inévitables. Les libéraux, pour combattre leur ancien ami, profitèrent de l'aubaine, et présentèrent une liste de six noms au deuxième tour. Tous furent élus. Mais par quel appui ? nous devons ici donner quelques explications. C'était en effet l'ennemi qui pénétrait dans la place par une porte de derrière. Pour la première fois, depuis de nombreuses années, il prenait pied à la Mairie, c'était certain, et peut-être pour longtemps.

Le motif était tout simple : D'après des déclarations controlées. les dissidents, par dépit de se sentir battus, avaient préféré porter leurs voix sur les libéraux. C'était les débuts néfastes d'une politique d'ambitieux, qui trahissaient leur parti, comme sont capables de le faire tous ceux qui sont trop pressés d'arriver.

Cette faute, le parti républicain tout entier devait la payer, et c'est en effet ce qui est arrivé. Les vieux démocrates de la localité, continuèrent par la suite à tenir rigueur aux responsables de cet échec.

La conséquence fut la suivante : Les électeurs se divisèrent en quatre partis politiques, pour se disputer le pouvoir municipal à chaque élection.

1º D'abord les républicains démocrates de l'école de Ferry, de Waldeck-Rousseau, de Combes, qui formaient le parti radical, eurent à combattre d'autres républicains à tendances impérialistes ou militaristes.

2º Ces derniers, genre bloc national, qui évoluent selon que leur intérêt est en jeu, et qui sont en général toujours de l'avis du pouvoir du jour. formant une sorte d'opposition.

3º Les libéraux profitaient de cette division pour consolider le maintien de leurs principes d'autorité, dont ils sont les défenseurs, en vue de la soumission de la classe ouvrière aux exigences capitalistes.

4º Les socialistes se voyaient dans l'impossibilité de faire prévaloir leur programme de transformations sociales, de liberté de pensée, de dignité humaine. Ils étaient obligés de se ranger du côté de ceux qui étaient le plus rapprochés de leurs idées, et d'aider ces derniers, à combattre cette nouvelle réaction déguisée.

Enfin pour préparer les élus socialisants à venir au parti, les socialistes organisaient néanmoins des conférences. Ce fut d'abord René Cabannes, puis Jules Nadi, ensuite Jean Lorris, Adolphe Chalbos, et enfin Francis de Pressencé, dont le souvenir restera immortel.

Malgré la valeur et le talent des orateurs, ces conférences ne furent pas suivies, comme il aurait fallu s'y atttendre. La calomnie des dissidents ; l'indifférence des autres. Le boycottage de la bourgeoisie. avait fait qu'une localité ou l'émancipation de la classe ouvrière restait à faire, subissait encore un nouveau temps d'arrêt.

Pour tout ce monde les socialistes ne devaient être que des ivrognes, des dépenaillés, des quémandeurs prêts à toutes les bassesses, c'est-à-dire sans conscience et sans scrupules.

Les conférences eurent lieu aux dates ci-après : 22 février 1912, Adolphe Chalbos ; 26 octobre 1912, René Cabanes ; 6 mars 1913, Jules Nadi ; 23 juin 1913, Jean Lorris ; 28 octobre 1913, Francis de Pressencé.

Les militants, par la suite, durent se contenter de cotiser à leur Fédération, et de lutter moins ouvertement puisqu'il y avait parti pris, ou refus de s'instruire.

Malgré toute cette obstruction, malgré toute cette calomnie, le socialisme faisait son petit homme de chemin. Les militants se disaient : le grain semé finira bien par lever un jour, et c'est ce qui arrivera fatalement.

Les dissidents radicaux avaient beau affirmer que les socialistes n'étaient pas républicains, il s'est toujours trouvé quelqu'un pour prendre leur défense sur ce point.

Un jour dans une réunion publique, à Lablachère, l'un d'eux osait lancer cette affirmation publiquement, du haut de l'estrade sur laquelle il était monté. Un camarade, instituteur, ne put laisser passer l'injure. Il la releva et amena l'orateur à se rétracter.

Ce fait n'est malheureusement pas isolé ; il se produit encore de nos jours, et dans tous les milieux. Que penser de pareil langage, tenu par des personnes, qui, jusque là, ont fait leur possible pour ignorer les conceptions socialistes, si ce n'est pour donner le change, et mettre l'électeur sur le champ de l'équivoque et du mensonge.

Mais si l'action socialiste est longue à se développer à Joyeuse, il n'en est pas de même sur divers autres points du département.

A cette action doit se joindre l'action syndicale, qui est une autre forme de l'organisation prolétarienne, si celle-ci ne doit pas être cataloguée sous la forme politique, elle n'est pas moins chère aux militants socialistes.

A Annonay, divers syndicats se constituèrent. Ils étaient au nombre de neuf avant la guerre, reliés entre eux par l'Union des syndicats de la Drôme et de l'Ardèche.

Ce sont :

1º Le syndicat des mégissiers de rivière, fondé en 1880, comprenant 1500 adhérents, unanimité de la corporation.

2° Syndicats des mégissiers, palissonneurs fondé en 1889, qui comprenait en 1914, 350 syndiqués sur 360 ouvriers de la corporation.

3° Syndicat des plâtriers, peintres, fondé en 1905, qui comptait à la même date 60 adhérents sur 61 ouvriers de la corporation.

4° Syndicat de menuisiers, charpentiers, ébénistes, fondé en 1885 comprenant 50 adhérents sur 400 ouvriers de la corporation.

5° Syndicat de papetiers, fondé en 1904, a eu jusqu'ici 800 membres, et en comptait avant la guerre 200 sur 1400 ouvriers.

6° Syndicat de la métallurgie, fondé le 21 juin 1901, a eu jusqu'à 80 adhérents sur 350. La guerre le trouva en léthargie.

7° Syndicat des employés de magasins, créé en 1910, a compté jusqu'à 100 membres, sur 250 employés.

8° Syndicat des employés communaux fondé en 1900, 15 adhérents.

9° Syndicat de maçons, mineurs, terrassiers.

Depuis la presque totalité des syndicats ont adhéré à la confédération générale du travail. Le syndicat des cheminots du Teil a, en outre adhéré à la fédération socialiste de l'Ardèche. Il en est de même de la fédération des syndicats ouvriers de l'Ardèche.

Ces syndicats ont compris la nécessité de l'unité ouvrière qui doit planer au dessus de l'égoïsme corporatif. Quoique subventionnant largement les comités de grève dans le pays, ceux d'Annonay avaient négligé jusqu'ici leur adhésion à cette grande organisation qu'est la C.G.T. C'est chose faite aujourd'hui.

Le citoyen Pleinet, qui est l'initiateur des syndicats d'Annonay, publia en août 1907, dans *La Revue Socialiste*, une étude très substantielle sur les conditions de travail et l'apprentissage dans la mégisserie, etc.

Joseph Pleinet, renvoyé de tous les ateliers est devenu, depuis 1893, le secrétaire appointé du syndicat des mégissiers.

Au Teil, Mazellier a fondé un syndicat des travailleurs de chaux, dont il a défendu le droit contre la société fermière des carrières communales.

Enfin au point de vue syndical, il faut encore signaler la section des instituteurs, qui comprenait 100 membres avant la guerre et qui aujourd'hui s'est considérablement accrue sous la direction du camarade Dayres et dont Bouvrain fut l'initiateur, tandis que la citoyenne Bouvrain fondait un groupe féministe universitaire de 200 adhérentes.

Depuis, à ce syndicat, est venu s'ajouter les suivants : Cuirs et peaux d'Annonay, 1480 membres; Textile, Vanosc. 220 adhérents ; Bijoutiers 'de St Martin-de-Valamas. 195 membres ; Cheminots de Peyraud, 300 membres ; Cheminots de Lavoulte, 400 adhérents ; Cantonniers à Lavoulte, 224 membres ; P. T. T. Privas : ouvriers des P. T. T. 40 : agents, 20 ; sous-agents, 300 ; Mineurs de Veyras, 35; Métaux du Pouzin, 70 ; Mouleurs de Soyons. 22 ; Mineurs de Prades, 250 : Mineurs de Banne, 105; Textile de Pont-d'Aubenas. 900 ; Galochiers d'Aubenas, 30. D'autres sont en voie de formation.

A Annonay, le groupe d'études sociales, fonda en 1901 une coopérative de consommation : « La Laborieuse » qui comptait avant la guerre 1200 membres, 3 succursales, et a fait en 1910 un chiffre d'affaires de 541.739 fr., vins, charbons, pain, charcuterie ; elle abattait aussi de 15 à 20 porcs, par semaine. Pendant les grèves des papetiers de Vidalon, la « Laborieuse », versa 50 fr. par semaine et fournit au prix du gros les cantines pendant cinq mois. La cheville ouvrière de la coopérative est le citoyen Roussier.

Le groupe de Voguë, sur l'initiative de Bouvrain et avec le concours des cheminots, créa, en 1908, une coopérative de consommation : « La Grande Famille » qui groupa aussitôt 750 membres. Bouvrain en resta le Président, jusqu'au jour, où l'autorité académique, pour le punir de son dévouement à la cause ouvrière, l'envoya à l'autre extrémité du département.

A Joyeuse la classe ouvrière résistait au mouvement. La question syndicale, pas plus que la question économique, ne l'avait remuée. C'était à celui qui intriguerait le plus auprès du patron, pour s'attirer ses bonnes grâces, à celui qui travaillerait à meilleur compte. C'est tout juste si elle n'était pas hostile aux lois qui la protège. Avant la guerre les ouvrières en confections ont fabriqué un pantalon pour 0 fr. 20, fournissant le fil, un gilet 0 fr. 40 et un veston 1 fr. Dans le moulinage les journées étaient payées 1 fr. à 1 fr. 20.

Pour la classe bourgeoise les ouvriers doivent être des fainéants, des mal ficelés, qui doivent être toujours à la tâche et jamais à l'idéal.

Heureusement cet état d'esprit tend à disparaître de jour en jour, jusque dans la classe paysanne qui commence elle aussi à comprendre sa valeur, et la nécessité de son action.

Avec Darasse, et des éléments pris dans les divers partis politiques, en août 1910, une section de vignerons dépendant de la Confédération du sud-est fut fondée. Le but était de poursuivre les fraudeurs sur les vins au moyen de cotisations que versent les adhérents pour l'entretien d'agents chargés du service de répression des fraudes. MM. Trouillas Paul, agriculteur à Saint-Genest-de Beauzon, fut élu président, Chazalon Edouard, de Lablachère, vice-président, Lahondès Marius, de Payzac, trésorier, Darasse Adrien, secrétaire.

Un an après, cette section comptait 300 adhérents. Il fut même question d'en fonder deux autres : une à Aubenas, et l'autre à Vallon. Ces sections furent même organisées, mais ne résistèrent pas longtemps à la nonchalence des vignerons de ces régions.

Celle de Joyeuse s'est toujours tenue en activité, grâce au dévouement de son bureau, qui a été successivement maintenu. Son action a produit les effets attendus. Le vin est moins fraudé, et comme il est naturel, les vignerons réalisent de beaux bénéfices, par suite de la vente qui est devenue courante et aussi parce que les vins du Bas-Vivarais sont aujourd'hui côtés en bourse. Ils se *vendent* à des prix élevés, qui permettent aux vignerons de vivre plus *aisément* par un travail assidu et tout d'attention.

Ce dévouement à la cause des vignerons avait valu à Darasse un emploi d'agent du service de répression des fraudes, dans le département de l'Ardèche, poste qu'il occupa jusqu'en 1914. L'action socialiste menée par ce militant, quoique moins active, n'était pas nulle pour cela. Son emploi lui donnait à certains jours sa pleine liberté d'action.

Un congrès eut lieu à Vallon, en 1911. Darasse y représenta le groupe de Joyeuse, avec Trouillas Albin. Compère Morel devait présider ce Congrès. En son absence ce fut le secrétaire fédéral du Gard, Bieau qui présenta les excuses du citoyen Compère Morel et diri-

gea les discussions avec un talent remarquable. Le soir
du Congrès le drapeau rouge de la section défila musique en tête dans les rues de cette localité, au grand
ébahissement de la bourgeoisie.

Le 4 janvier 1914, ce fut le tour de Joyeuse, le Congrès annuel se tint dans cette ville. Le citoyen Darasse
l'organisa. Il fut présidé par le citoyen Mazellier, secrétaire fédéral. Sur le soir les drapeaux rouges des groupes du Teil, Coux, Vallon, et Largentière, défilèrent
comme à Vallon, musique en tête, dans les rues de
Joyeuse. La petite bourgeoisie s'enferma chez elle, et à
travers les fenêtres regardait passer le cortège. Pour elle
cette petite manifestation était un scandale.

Comme ses camarades Nadi, Pleinet, Bouvrain, Darasse ne devait pas échapper aux foudres vengeresses
du pouvoir. La Préfecture qui commissionnait Darasse
chaque année, à la demande de la Confédération, laissa
dormir intentionnellement la dernière demande jusqu'au
jour où fatigué de ne rien recevoir le secrétaire général
de la Confédération se transporta à la Préfecture de l'Ardèche en vue de connaître les motifs de ce silence. Il ne
put rien obtenir, si ce n'est que la Préfecture lui déclara
qu'elle n'avait aucun reproche à adresser à M. Darasse
au point de vue de son service.

Sur interventions diverses, la même Préfecture fit
toujours la même réponse, ajoutant que cette affaire
n'était pas sortie du domaine administratif, et qu'à aucun
moment elle n'avait pris un caractère politique, et que
toutes les démarches faites étaient en faveur de M. Darasse.

De son côté la municipalité de Joyeuse avait affirmé
qu'aucun entrave n'avait été apportée à la politique gou-
vernementale du fait du groupe socialiste de Joyeuse. Elle
avait raison puisque aux élections qui se sont succédées
depuis, il y a eu entente. Du reste les forces socialistes
étaient trop faibles pour escompter un succès quelconque.

Que conclure de ce mutisme systématique, sinon
que le motif était inavouable et sujet à être discuté et
que remis sur la voie du droit et de la justice il devait
fatalement tourner à la confusion de ses auteurs.

Pour quelques unes de ces victimes, le suffrage universel se charge quelquefois de la réponse.

Nadi, par exemple, avec sa force de résistance, son
talent d'orateur, a été vengé. Depuis lors il est député

de la Drôme, conseiller général, et maire de Romans. Il y a remplacé ses détracteurs. et ce n'était que justice.

En mai 1914 viennent les élections législatives. Un Congrès, tenu à Joyeuse, désigne Darasse, en signe de protestation. Il est donc candidat dans l'arrondissement de Largentière. Il obtient 651 voix.

Dans la deuxième de Privas, la Fédération présente le citoyen Abel Thomas, conseiller municipal d'Aubenas, comme porte-drapeau du Parti. Il obtient 1477 voix contre 4.300 à Martin en 1910.

La guerre survient. Les groupes donnent les meilleurs de leurs militants. Mais l'action n'est pas éteinte pour cela. De la zone des armées, au milieu du crépitement de la mitraille, des obus meurtriers. des lettres parviennent aux camarades de l'arrière.

Nous extrayons les suivants en ce qui concerne Joyeuse.

Zone des armées 5 juillet 1915.

Cher citoyen secrétaire,

Je viens vous faire connaître que je suis et resterai toujours un fervent de la sociale. Donc vous pouvez compter d'une façon sûre et absolue sur mon dévouement..

Jusqu'à maintenant j'ai eu de bonnes nouvelles de mes frères, qui sont aussi sur la ligne de feu très exposés.

Quand cette terrible chose prendra-t-elle fin? Veut-on l'extermination de la classe ouvrière Les dirigeants de tous les pays doivent être devenus fous!

Quinze mois après le même écrivait :

« A mon retour de permission, j'ai retrouvé mon régiment à Verdun. Là nous avons passé 3 mois. Comme occupations nous avons organisé la plupart du temps la défense en creusant des tranchées en des endroits très dangereux. Nous avons tout connu : fatigues de toutes sortes : travaux de nuit, marmitage continuel, gaz asphyxiant, etc. Nous avons quitté Verdun le 9 juin pour être dirigés plus à l'Est, faire de nouvelles tranchées. La guerre s'éternise sans nous apporter l'espoir d'une fin prochaine. Que vous dire encore, sinon qu'en attendant la fin de nos misères, je vous serre fraternellement la main et vous réitère mon absolu dévouement à la cause sociale,

D'autres ont écrit des lettres non moins poignantes.
Du cercle du soldat, le 24 mai 1916, un autre manifestait
son espoir de se retrouver bientôt réunis en vue des
luttes futures pour nos idées communes. Six ont été tués
ou sont morts de maladie.

Malgré la guerre, Vallon, un des groupes les plus
actifs, continue à surveiller la gestion municipale des
radicaux de l'endroit. Il surprend des irrégularités.
qu'il dénonce. Le Maire doit payer les conséquences de
ses faiblesses.

Joyeuse ne se décourage pas ; Darasse porte son
attention sur un autre point. Pour combattre le fléau de
la vie chère. il prend l'initiative, aidé du militant Poix
affilié de la Fédération Nationale, réfugié de l'Aisne. de
fonder une coopérative de consommation, qui prend le
nom de «La Prévoyante», et qui groupe aujourd'hui environ 750 familles du canton ou communes environnantes.

Bien administrées ces sociétés doivent rendre les plus
grands services aux familles pauvres. Chacun doit y être
à sa place et ne voir que l'intérêt collectif, pour qu'elles
deviennent de jour en jour plus prospères. Il est néces-
saire aussi que les administrateurs soient choisis parmi
les hommes paisibles, bien élevés, et d'une probité à
toute épreuve. Si par hasard. il se glisse quelques sujets
trompeurs, ce qui est une rare exception, il faut le re-
connaitre. les sociétaires n'ont qu'à veiller pour empêcher
ceux-ci de s'écarter. L'avenir de toute société est là.

La guerre terminée, la Fédération socialiste tient
son 7e Congrès au Teil. Elle sonne le réveil des énergies,
que les violences d'un ministère Clémenceau n'avaient
pas abattues. Ce Congrès pose les bases des luttes futures.

René Cabannes revient en Ardèche. Il visite Largentière. Vallon, etc. Il est à Joyeuse, le mercredi 13 août
1919. Les dissidents radicaux continuent à bouder. Ils
n'assistent pas à sa conférence.

La période électorale est là. La Fédération tient
parole. Elle rassemble ses troupes. Elle réunit ces der-
nières en un Congrès, au Teil, le 26 octobre 1919, et désigne les camarades qui doivent affronter la lutte.

Les candidats sont :
Magnet Hector, secrétaire fédéral du syndicat des

cheminots au Teil ; Froment Edouard, employé à la sous-Préfecture de Largentière ; Argoud Marius, propriétaire agriculteur à Labégude ; Terrade Justin, professeur à l'école primaire supérieure à Aubenas ; et Roussier Charles, gérant de la coopérative « La Laborieuse » à Annonay.

Darasse ne se représente pas ; Abel Thomas a quitté le pays.

Darasse est désigné pour représenter le Parti près la Préfecture de l'Ardèche.

Après une campagne de quelques jours seulement, au cours de laquelle les candidats sont acclamés dans les quelques communes qu'ils ont pu visiter, les résultats proclamés, le 16 novembre 1919, sont les suivants :

Froment Edouard obtient: 13.274 ; Terrade Justin, 13.131 ; Roussier Charles, 13.023 ; Magnet Hector, 12.950 ; Argoud Marius, 12.900.

La liste n'a pas d'élus. Mais une campagne moins précipitée, un plus grand nombre de communes visitées, un résultat tout autre aurait été constaté. Néanmoins, c'est déjà un beau succès.

Ces élections ont eu lieu par un mode de scrutin de surprises. La proportionnelle intégrale aurait donné un élu au parti socialiste.

Il a été constaté que les communes visitées ont donné environ 8.000 voix, et les autres, sur simple programme, ont dépassé 5.000, ce qui signifie que les idées socialistes n'effraient pas autant la classe paysanne que veulent bien le faire croire notre petite bourgeoisie ardéchoise.

La circonscription de Largentière de 651 voix à Darasse en 1914, est passé à 4031 à Froment. La deuxième de Privas, qui avait donné 4.300 à Martin, en 1910, n'a accusé que 1477 à Abel Thomas, en 1914. Cette circonscription, cependant républicaine, a parfois de ces sursauts qui déconcertent. Les causes en sont dues souvent à des maneuvres où l'or joue un rôle prépondérant.

Aux élections municipales du 30 novembre 1919, le Parti, tout en recommandant partout où il serait possible d'affronter la lutte avec ses propres forces, autorisait néanmoins les coalitions, même au premier tour, avec les éléments les plus avancés de la Démocratie.

Sont allés à la lutte seuls, nos camarades :

1° Au **Teil**, où s'est formé contre eux et dès le premier et unique tour, le Bloc National composé des prétendus radicaux du Conseil sortant et de la bourgeoisie capitaliste et cléricale.

Dans la section du Teil-Ville, sur 950 votants, les socialistes ont obtenu 380 voix contre 570 au bloc national, qui a fait élire ses créatures.

A *Tauriers* — Les camarades socialistes ont eu 9 élus sur 10, *maire et adjoint ;*

A *Rocher*. — Les socialistes ont 8 élus sur 10, *maire et adjoint ;*

A *Labégude*. — Liste de coalition, 8 élus sur 16, *maire et adjoint ;*

A *Largentière*. — Liste de coalition. Résultats 7 élus, sur 16 avec le camarade Chaze comme *adjoint;*

A *Ucel*. Liste de coalition. Résultat 4 élus, avec le camarade Chalabreysse comme *adjoint ;*

A *Vallon*. — Liste de coalition, 3 élus ;

A *Lavilledieu*. — Liste de coalition, 2 élus ;

A *Bourg St-Andéol*. — Liste de coalition, 2 élus ;

A *Prades*. — Coalition. 5 socialistes élus ;

A *Lachapelle*. — Liste de coalition, 2 élus ;

A *Baix*. — Liste de coalition, 3 élus ;

A *Viviers*.— Le parti n'a pu que soutenir les républicains en lutte contre l'Evéché et les Lafarge, ce qui a permis à 7 républicains d'être élus, dont un le citoyen Rieux a fait son adhésion au Parti à partir du 1er janvier 1920.

A *Joyeuse*, le parti n'a pu que soutenir également les républicains faisant partie de l'élément le plus avancé, ce qui a permis de faire élire 9 de ces derniers tant au 1er qu'au 2e tour. Un de ces derniers, Goubert Louis, s'est réclamé du parti socialiste, mais n'a pas fait son adhésion jusqu'ici ; il l'a promise.

Au *Cheylard*. Les camarades n'ont pu également que soutenir les éléments de gauche, dont un élu, le citoyen Chaudon qui a promis son adhésion au Parti.

A *Aubenas*. Liste de coalition, battue par le bloc national.

Au *Pouzin*. Liste de coalition battue par le bloc national.

A *Vals*. Le groupe n'a pas pris part à la formation de la liste républicaine. Mais 2 élus de cette liste se sont engagés à voter pour le candidat socialiste au Sénat s'il y en avait eu un.

A *Annonay*. Liste de coalition, 18 socialistes et 17 radicaux. Au 1er tour 20 réactionnaires élus, au second tour 5 radicaux et 1 socialiste.

En récapitulant les résultats on trouve 54 élus municipaux.

Pour les élections cantonales du 14 décembre 1919, le Parti n'a affronté la lutte qu'à Vallon, où le camarade Sully Eldin a été élu conseiller général, et dans le canton d'Aubenas, au Conseil d'arrondissement, où le camarade Argout, maire de Labégude, a serré de près le candidat radical.

Ainsi fixé sur les forces prolétariennes en Ardèche, les camarades socialistes, sauront continuer l'action si bien commencée. Les 13.000 voix obtenues sur les 36.000 voix de gauche, leur aurait donné droit à un candidat aux élections sénatoriales du 11 janvier 1920. Mais devant la cohue des ambitieux qui ont brigué les suffrages des délégués, le Congrès tenu au Teil, le 4 janvier, a décidé de ne présenter personne.

Étaient représentés à ce Congrès les groupes suivants.

Annonay, 3 délégués ; *Peyraud*, 2 ; *Ucel*, 1 ; *La Chapelle*, 2 ; *Le Teil*, 5 ; *Prades*, 2 ; *Aubenas*, 5 ; *Lavilledieu*, 2 ; *Bourg-St-Andéol*, 1 ; *Le Pouzin*, 5 ; *Thueyts*, 3 ; *Largentière*, 4 ; *Le Cheylard*, 3 ; *Antraygues*, 1 ; *Vallon*, 2 ; *Viviers*, 2 ; *Joyeuse*, 1 ; *Lablachère*, 2 ; *Labégude*, 1.

Le Congrès désigne pour l'année 1920 : Mazellier, pour continuer les fonctions de secrétaire fédéral. Il lui est adjoint le camarade Villard, Vinson reste trésorier.

En terminant, souhaitons que cette petite brochure réveille les groupes en sommeil. Nous la devions à nos camarades de Coux, St-Remèze, Vagnas, Sampzon, Labastide-de-Virac, Vinezac, St-Etienne-de-Fontbellon, Vogüé, Villeneuve-de-Berg et Flaviac.

Après ces quelques pages d'histoire, que nous avons également consacrées, par certains points, à nos adversaires les plus irréductibles, plus d'équivoque, plus de confusion possible sur nos sentiments et notre action. Ceux qui veulent venir à nous, avec leur enthousiasme ardent, leurs nerfs en bataille, leur sentimentalisme vibrant, sauront dorénavant à quoi s'en tenir de cette action et de nos luttes. Ils y puiseront des réflexions, qui pourront, à l'occasion leur éviter des erreurs ou des malentendus regrettables.

Quant aux autres : ceux qui ne cessent de nous boycotter, de nous jeter la pierre, en nous accusant d'être des utopistes, des gens du désordre, enfin ceux qui nous calomnient de la façon la plus infâme, nous supposant en autre mauvaise action à notre actif, d'être capables de recevoir l'argent corrupteur, de vouloir par ailleurs partager la terre des petits paysans, alors que le socialisme considère au contraire que cette terre est l'outil indispensable de cette catégorie de travailleurs, tout cela pour mieux tromper la naïveté et la crédulité de cette partie de la classe ouvrière, qu'elle croit encore lui appartenir. A ceux-là va notre mépris, et nous leur dirons : vous êtes des insensés, indignes de la même pitié, et quand ils se plaindront nous ajouterons : tout ce qui vous arrive vous l'avez bien voulu.

Ils apprendront, peut-être trop tard, que le parti socialiste est un parti de réalisations, et que s'il prend le pouvoir un jour, comme il faut l'espérer, ce sera sur les ruines du capitalisme, qui leur est cher. Ce ne sera plus le moment de se soustraire à aucun des devoirs civiques. Le socialisme appliquera ses doctrines et ses méthodes, et prendra toutes ses responsabilités, contrairement à ce qui se passe aujourd'hui, où chacun la rejette sur autrui.

La classe qui travaille et qui peine, ne sera plus abandonnée. Son éducation sera relevée. Il ne lui sera plus permis de vivre dans des taudis, ou grands et petits s'étiolent et s'anémient, quand ceux qui vivent de leurs sueurs se prélassent dans des logements somptueux, à l'abri de toutes les intempéries.

Combien de ceux qui ignorent tout cela, cherchent pourtant à pénétrer chez nous. Quel est le but qui les fait agir ? A notre avis ce sont là gens arrivistes trop pressés qui bousculent tout, et que nous devons mettre à l'épreuve avant de leur ouvrir la porte.

La discipline étant la règle intangible du parti socialiste, tout doit s'y passer dans les termes mêmes des statuts. Tout y étant librement discuté et approfondi, il n'est pas possible à ceux qui n'ont pas une conscience affranchie et solide de faire servir les doctrines du parti à leurs rêves d'ambition et d'appétits insatiables.

Ce point est donc acquis.

Aussi le parti socialiste a-t-il toujours résisté et triomphé de toutes ces impuretés qui n'ont rien à faire dans la maison, où le bouledogue fait bonne garde, car pour être socialiste, il ne suffit pas de le dire, il faut avoir le caractère et le courage de ses opinions, en vue de la lutte commune, dont le but final est l'émancipation de l'humanité entière.

Inutile de répéter que le socialisme sait ce qu'il veut et où il va. S'il aspire à remplacer le régime capitaliste, c'est que ce dernier crée l'intérêt et le privilège, tandis que l'autre par la nationalisation et la socialisation de moyens de productions et de travail, assurant à celui qui produit son outillage, son éducation, et le nivellement de ses besoins matériels et moraux, sera le mieux être général auquel la classe ouvrière a le droit de prétendre.

Nos adversaires pensent peut-être que le règne du mercanti-roi doit toujours durer. Ils se trompent. Le spéculateur, l'intermédiaire sans vergogne, les profiteurs de toutes sortes qui édifient des fortunes scandaleuses sur la misère commune, doivent disparaître.

Avec le socialisme, finis tous les scandales qui se succèdent. Fini le fléau de la guerre qu'engendrent les appétits, et les ambitions inavouables. Fini le mouchardage qui tue et déshonore la société. Fini enfin toute cette démoralisation qui se dresse, et qui pousse les peuples les uns contre les autres, dans des affres de vol et de pillages.

La classe ouvrière consciente, s'émeut à juste raison, et regrette toute cette décomposition qui ne saurait pourtant l'atteindre, mais au milieu de laquelle elle est pourtant obligée de vivre, et qui la retient dans son évolution de justice d'égalité et de fraternité.

Puisque nous avons des détracteurs, laissons ces derniers à leur instinct de brouille de division, à leur indiscipline, à leur besoin de critique malsaine, et irraisonnée, et marchons notre petit bonhomme de chemin ; laissons-les à la remorque de cette bourgeoisie parasite et crapuleuse, qui ne demande qu'à nocer du fruit du travail de leurs serfs continuellement dupes.

Viendra le jour où la transformation sociale préconisée les atteindra. Tant pis pour ceux qui n'auront pas compris l'inéluctable, et pour ceux qui ne demandent qu'à subir la domination de cette morale surannée. Leur éducation est à faire. Espérons que le jour où ils s'en rendront compte, ce ne soit pas trop tard. L'obéissance et la soumission aux potentats, aux priviléges de la fortune devrait avoir fait son temps.

Nous ne terminerons pas ce petit ouvrage sans saluer avec émotion les nombreux militants que la mort a frappé au cours de l'affreuse guerre, guerre qu'une réaction féroce nous a imposée, et au milieu de laquelle, bien des cerveaux désabusés, sont venus à nous pour livrer dorénavant le bon combat, et sur lesquels nous compterons à l'avenir, bien entendu.

A. DARASSE

POUR LA PROPAGANDE

Nos camarades qui peuvent le faire, et quel est celui d'entre nous qui ne peut par sacrifier quelques sous à la propagande, sont instamment priés de faire l'acquisition des brochures du Parti, ou de prendre un abonnement à ses journaux, notamment l'Humanité Le Populaire etc. Aux paysans nous recommandons « La Voix Paysanne » directeur Compère-Morel.

Pour les brochures s'adresser à la Fédération Ardéchoise, ou ce qui est mieux encore à la librairie de l'Humanité.

De son côté l'auteur vous offre : Le « Socialisme en Ardèche », « Nettoyage », « La guerre à la Campagne », et « Joyeuse, un peu d'histoire locale ».

Ci-après, à l'adresse des militants, le manifeste suivant que nous leur recommandons également.

INTERNATIONALE DE LA PENSÉE

Clarté

*Ligue de Solidarité Intellectuelle
pour le triomphe de la Cause Internationale*

12, Rue Feydeau, PARIS

Homme de Pensée libre,

Toi qui est maintenant décidé à ne plus te découvrir devant les vieilles idoles, à ne plus te laisser éblouir, ni intimider, jamais ;

Toi qui as eu la noble piété, en ces jours d'orgies patriotiques, de te recueillir dans la pensée des morts et le courage de ne pas te joindre aux braillards d'une victoire, qui n'est que celle de la force bestiale ;

Homme fort, homme de partout,
Viens avec nous, aide-nous !

Le moment est venu de crier à tous les ignorants, à toutes les dupes, à tous les faibles, la vérité que tu as conquise par la souffrance et le sang, et qui doit vaincre pour l'honneur de chacun et le salut de tous.

Va et crie qu'aucune *Marseillaise*, aucune devise, aucun déploiement de drapeaux n'empêcheront que la guerre — et celle-ci comme les autres — consacre autre chose que la ruine, le vol et l'assassinat.

Va et crie qu'il n'y a pas d'étrangers, mais une seule famille sur une même terre.

Va et crie qu'à quelque distance de ton pays que vive un autre homme, cet homme t'est sacré, s'il gagne comme toi son pain dans la peine, s'il a, comme toi, une épouse et des enfants dont la vie dépend de sa vie, s'il éprouve comme toi une douceur quelconque à lever le soir vers les étoiles sa tête fatiguée.

Va et crie qu'il n'y a jamais eu d'autre raison à t..mer contre lui que le profit de quelques marchands ou l'ambition de quelques faux grands hommes soucieux de faire figure dans l'histoire, que ces armes qu'on expose en trophées pour l'orgueil des badauds, n'ont jamais servi dans toutes les patries qu'à enrichir ceux qui les ont fabriquées et à tuer ceux qui en ont usé.

Va et crie qu'il n'y a eu partout que des victimes dont l'intérêt est de s'unir contre ceux dont l'intérêt non moins évident est de les diviser : que *c'est par leur entente internationale, par leur triomphante jonction que se fondera la République du Monde, qui est l'unique raison d'être de l'idée républicaine.*

Va et crie que seulement au sein de cette République s'évanouiront, avec les frontières, les monstrueux privilèges qui n'ont pu se perpétuer jusqu'ici que par le jeu des haines et des concurrences savamment attisées.

Homme de pensée libre, homme pur.

Ce n'est pas seulement en luttant pour un salaire plus élevé que tu serviras ta cause, mais en luttant pour la Vérité sans degré, en répandant cette manière de penser qui est en toi, et qui est juste, parce qu'elle est fraternelle.

Aide-nous, comme nous t'aiderons.

Travaille par ta parole ferme dans ton entourage, comme nous travaillerons dans le nôtre, qui est partout où des hommes peuvent recevoir notre pensée imprimée.

Travaillons ensemble avec toi.

Pour qu'un jour, devant l'universel mépris des consciences, ceux qui vivent de ton avilissement s'effraient de voir leur honte mise à nu et capitulent,

Et pour que l'harmonie règne sur le monde reconcilié.